Lycka till flaxfux

Och världens andra lyckliga färger

Läs mer om Linda Gruenberg på

www.lindagruenberg.com

Andra böcker av Linda Gruenberg:

Isaboken 1, Kenda Press 2020

Isaboken 2, Kenda Press 2020

Isaboken 3, Kenda Press 2020

Isaboken 4, Kenda Press 2020

The Isa Book 1, Kenda Press 2020

The Isa Book 2, Kenda Press 2020

The Isa Book 3, Kenda Press 2020

The Isa Book 4, Kenda Press 2020

Nynna, Polluxklubben 1991

Hummer, Houghton Mifflin Company 1990

Originalets titel: *Good Luck Chestnut*

Översättning: Kenneth Waara och Linda Gruenberg

ISBN: 978-91-986316-9-2
Imprint: Kenda Press

Till min mamma som först sjöng vaggvisan för mig med texten "*Dapples and greys, pintos and bays, all those pretty little horses.*" Sedan dess har jag haft hästfärger i mitt huvud - och min mors kärleksfulla röst.

Lycka till flaxfux

Och världens andra lyckliga färger

Text och bild av Linda Gruenberg

Gulfärg, gräddfärg

Välj själv en hästfärg

Isabell, fux och flax

Ponny och fölfärg

Rödfärg

Blåfärg

Stickelhårig kramfärg

Vindfärg

Virkfärg

Brunskimmel famnfärg

Gulbrun

Häst arom

Lukta på en himmelsk färg

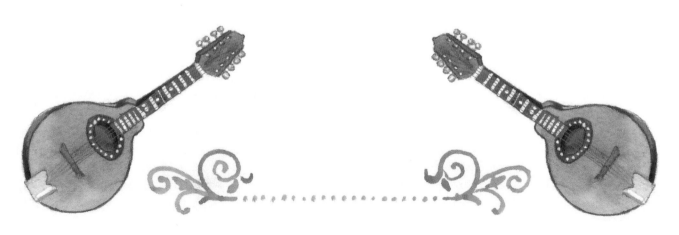

L Lorenberg

Brunblack, musblack

En mus smyger in

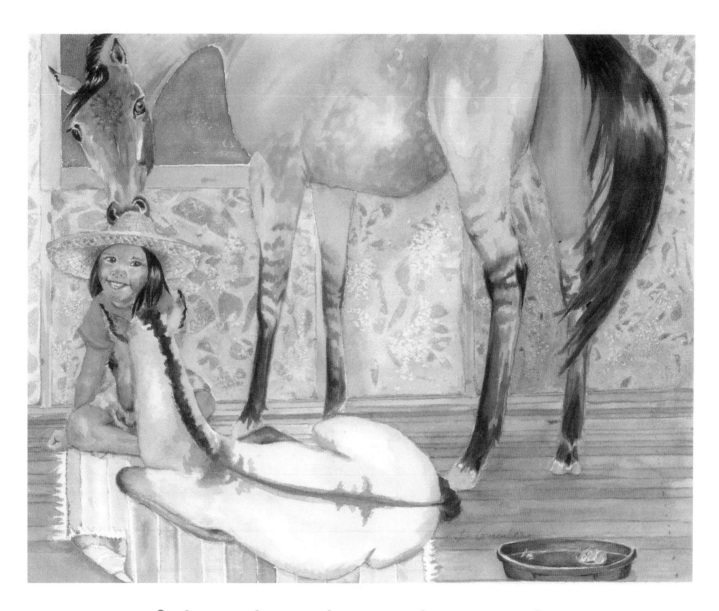

Sådant händer, zebraränder

Mörk ål och fiskben

Regnfärg

Snöfärg

Apelkastad grå

Flugskimmel
Snöig himmel
Röda vantar på

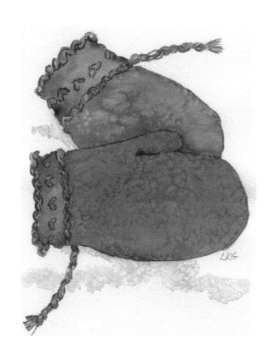

Blodbrun

Kopparbrun

Chokladpralin färg

Brun bästis

Hallon Festis

Plaska dig i vattenfärg!

Hoppfärg!

Högre färg!

Hinken sparkas kull

Cremello, marshmallow

Kanin klövergull

Linda Gruenberg

Färgglad

Lövbad

Hoppa på en skäck

Färgbelåten
Färgpaus
Färglyckligt fräck

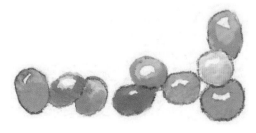

Knabstrupper

Appaloosa

Schabrak på sin rygg

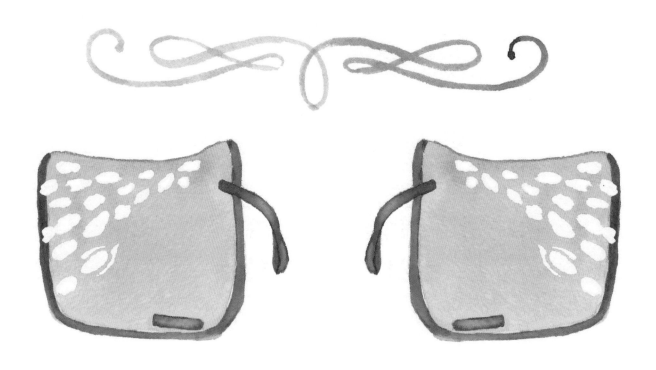

Svart tigrerad, upp-och-nerad

Räkna varje prick!

Blästecken, stjärntecken

Mulens snopp

Skjuten stjärn, stjärnskott

Hela rymden öppnas upp

Helstrumpa

Halvstrumpa

Lycka till min Rumpestumpa

Du är grym

Jag är grym

Rumpestumpor allihopa

Slut

Kan du hitta följande hästfärger och tecken bland bilderna?

Apelkastad: Apelkastad beskriver ett svagt mönster av ljusare fläckar i hästens päls.

Appaloosa: Appaloosa är både en amerikansk ras och ett fläckigt mönster. Det finns olika mönster, till exempel "leopard" där basfärgen är vit med mörka fläckar, och "schabrak", där hästen ser ut som om den har ett vitt täcke kastat över ryggen, med eller utan fläckar på täcket.

Black: Blacka hästar har en päls som kan vara allt från ljusgul till mörkgul eller gråsvart och har alltid en mörk ål längs ryggen. Blacka hästar har vanligtvis några av de karaktäristiska dragen såsom zebraliknande ränder på benen och pannan, mörk skuggning över skuldrorna, fiskben som sticker ut från ålen och mörka öronbräm.

Bläs: En bläs är en vit strimma på framsidan av hästens ansikte.

Brun: En brun häst har en päls som skiftar i rött, brunt eller kopparfärg medans hästen också har svarta ben, svart man och svart svans.

Cremello: En cremello har en krämig päls, vit man och vit svans, och dess hud är rosafärgad—särskilt märkbar runt ögonen och mulen.

Fiskben: Fiskben är färgade märken som sticker ut från en black hästs ål och liknar faktiskt fiskben.

Flax: Flax syftar på färgen på hästens svans och man om de är gräddfärgade.

Flaxfux: En flaxfux häst har gräddfärgad (flax) man och svans medans pälsen är röd (fux).

Flugskimmel: En flugskimmel är en fräknig häst som har färgade fräknar på vit päls (jämför med stickelhårig som också ser fräknig ut, men har vita fräknar på en tydligare basfärgad päls).

Fux: Fuxhästar har röd päls som kan vara allt från en ljus nyans av kopparröd till en mörk nyans av blodröd. Deras manar och svansar kan ha samma färg som pälsen eller ljusare.

Gulbrun: En gulbrun häst har en guldaktig eller solbränd pälsfärg, medans manen, svansen och benen är svarta.

Halvstrumpa: En halvstrumpa ser ut som om hästen bär en kort vit strumpa uppför benet.

Helstrumpa: En helstrumpa ser ut som om hästen bär en lång vit strumpa uppför benet.

Isabell: Isabellfärgade hästar har gulskiftande päls med flaxfärgad man och flaxfärgad svans.

Knabstrupper: Knabstrupper är en dansk ras som vanligtvis har ett iögonfallande mönster av fläckar. Den är släkt med den amerikanska Appaloosan.

Schabrak: Ett slags ojämnt vitt "täcke" som sprider sig över hästens rygg. Täcket kan vara fläckigt eller inte. Schabrak förekommer bland Knabstrupper och Appaloosa hästar.

Skäck: Skäck hästar har stora vita och färgade fält över hela kroppen. Om en skäck har brun som basfärg, så är manen och svansen svart, svartvit eller vit. Om en skäck har isabell som basfärg, så är manen och svansen flax, flaxvit eller vit.

Skimmel: Hästar som föds i en färg men sedan med tiden ändrar färg till "grå" eller "vit" kallas för skimmel. En skimmel kan vara apelkastad ett tag för att sedan gradvis bli flugskimmel och så småningom vitfärgad. Men vitfärgade skimmel kallas aldrig vita, utan de betraktas som skimmel på grund av sin mörka hud.

Snopp: En snopp är en vit fläck på hästens mule. Den kan variera i storlek, liten som ett kommatecken eller så stor att den täcker hela mulen.

Stickelhårig: En stickelhårig häst har enstaka vita hårstrån insprängda i pälsen, typ vita fräknar, medans grundfärgen fortfarande är mörk och syns tidligt, särskilt på huvudet.

Stjärna: Ett tecken på hästens panna kallas för stjärna. Den kan ha olika former såsom rund, halvrund eller likna en stjärna.

Strumpa: En strumpa är en strumpa! Fast en hästs strumpa är alltid vit, inte randig eller rutig.

Tigrerad: Tigrering är den småfläckiga färgteckningen som kan förekomma hos Appaloosa och Knabstrupper hästar. Det finns tigrerade hästar med endast en eller två fläckar, men även hästar som är helt täckta med fläckar.

Ål: En mörk lång rand längs hästens ryggrad. Vilken tur att det inte är en riktig ål, eller hur?

JAG VILL TACKA Kim Van Der Veer som utmanade mig att måla den första bilden till *Lycka till flaxfux*.

Ett stort tack också till min konstlärare Ann Thomas, som lärde mig att måla barn. Alla barn vars ansikten är dolda, målade jag innan jag träffade Ann. Alla barn vars ansikten syns, målades under eller efter Anns lektioner.

Tack till Carol Holly, min första bildlärare, som hjälpte mig med perspektiv. Hon sa ofta "Tryck tillbaka det här, lilla vännen, och dra det här framåt".

Tack även till min chef, Doug Horning, för han gav mig min första uppsättning akvarellfärger, en massa akvarellpapper och uppmuntran.

Tack till alla barnen som hoppade på sina hästar, gjorde tricks och poserade för mig — Rose, Deena, Cora, Natalie, Ellie och Nick.

Och tack till alla de barn som poserade utan att veta det — Vanessa, Annie och Roghayeh — och som ändå dyker upp i mina illustrationer.

Tack till min vän Sally Ghist som delade information om blacka hästar.

Framförallt, tack Kenneth för ditt tålamod och ditt glada ansikte.

Printed in Great Britain
by Amazon